AF330495

NOTES SOMMAIRES

Sur le Pourvoi de M. le Procureur Général près la Cour de Montpellier contre l'Arrêt de cette Cour du 26 mars 1874.

FAITS

A la suite d'un délit politique sans gravité commis à Marseille, le 8 août 1870, par une poignée d'écervelés, presque tous étrangers, immédiatement arrêtés, sur l'initiative et avec le concours de quelques bons citoyens, les autorités en rendirent immédiatement compte au gouvernement. Dès le lendemain, 9, un décret délibéré en conseil des ministres, rendu par l'Impératrice régente, déclara en état de siége les départements des Bouches-du-Rhône, du Var et des Alpes-Maritimes. Dès la réception d'une copie de cette pièce, dont la légalité et la force obligatoire sont contestées, M. le préfet Levert la fit transcrire, quant à ce qui concerne le département des Bouches-du-Rhône, dans le *Recueil des Actes administratifs*, mais *sans y consigner la date de sa réception*. Puis, sans prendre d'arrêté pour en ordonner la publication et l'affichage, il fit procéder plus ou moins régulièrement à l'exécution de ces mesures. Sur les affiches reproduites par les journaux de la localité, sa signature était précédée des mots : *Pour copie conforme*. Ces affiches ne portaient pas non plus de date ; elles reproduisaient seulement les dispositions de la loi du 9 août 1849 *sur les effets de l'état de siége*.

En vertu de ce prétendu décret, qui n'a pas été transcrit à la Chancellerie et n'a été inséré ni au *Bulletin des Lois*, ni au *Journal officiel*, ni au *Moniteur universel*, M. le général d'Exéa, en sa qualité de commandant l'état de siége, publia le 10 août une proclamation et la fit suivre d'un arrêté indiquant les crimes et délits qui seraient désormais déférés au 1ᵉʳ Conseil de guerre de la division. Plusieurs délinquants civils y furent traduits et condamnés à diverses peines correctionnelles; il fonctionna ainsi jusqu'au commencement de septembre.

Le décret du 9 août ne reçut toutefois aucune exécution pendant toute la période écoulée entre le 9 août et le 4 septembre dans le département, sauf à Marseille, et n'en a pas reçu davantage jusqu'au mois de novembre 1873. La République ayant été proclamée le 4 septembre, M. le préfet installa le conseil municipal élu le 13 août précédent; dès le 5, cette assemblée, par une proclamation imprimée et affichée, déclara levé l'état de siége établi par le décret du 9 août (1). Le lendemain, 6, le ministre adressait au général commandant la 9ᵉ division une dépêche ainsi conçue : « Le décret du 9 août, déclarant en état de siége les départe-
» ments des Bouches-du-Rhône, du Var et des Alpes-Maritimes, reste
» en vigueur (2). »

M. Esquiros, membre de l'Assemblée nationale dissoute, nommé administrateur supérieur du département des Bouches-du-Rhône, arriva à Marseille le 8 ; le même jour, il aurait, de son côté, levé l'état de siége, ainsi que cela résulte de la lettre de M. le ministre de la guerre du 23 octobre 1873 (3) et des constatations de l'arrêt de la Cour d'Aix du 26 décembre dernier (4).

Il paraît que le gouvernement de la Défense nationale, ne trouvant pas à la Chancellerie l'original du décret du 9 août, et ce décret n'ayant été inséré ni dans le *Bulletin des Lois*, ni dans le *Journal officiel*, ni dans le *Moniteur universel*, résolut de faire ce qu'avait fait le gouvernement déchu pour le département du Var, qu'il avait déclaré en état de siége par un nouveau décret du 13 août 1870, inséré au *Bulletin des Lois* sous le n° 18042, et de mettre le département des Bouches-du-Rhône en état de siége, par un décret dont il confierait la mise à exécution à M. Esquiros.

Ce fonctionnaire, qui, dès le jour de son arrivée, aurait proclamé la levée de l'état de siége, estima qu'il n'y avait pas lieu à publier ce nou-

---

(1) Voir Rapport de M. de Sugny, page 206
(2) Voir Rapport de M. de Sugny, page 203
(3) Voir le n° 1 des pièces justificatives.
(4) Voir le n° 3 des pièces justificatives.

veau décret; en conséquence, le 9, il écrivait au ministre de l'intérieur dans les termes suivants :

« A l'unanimité, nous avons cru devoir passer sous silence le *rétablis-*
» *sement* de l'état de siége; cette mesure eût été à la fois dérisoire et
» dangereuse à Marseille. Dérisoire, parce qu'il n'y a pas de troupes ;
» dangereuse, parce qu'elle eût allumé la guerre civile. (1) »

Le ministre ne protesta pas contre cette résolution, et l'état de siége cessa complétement, même à Marseille.

De très-graves événements se produisirent successivement et purent faire regretter la cessation de l'état de siége dans la capitale du département. Le 26 septembre, les magistrats de la chambre correctionnelle du Tribunal y furent enlevés de leurs siéges par les gardes civiques et conduits par eux à la Préfecture, où, après avoir été violemment outragés, ils furent rendus à la liberté.

Le 31 octobre, une Commune révolutionnaire s'empara de l'Hôtel-de-Ville et s'y installa à la place du Conseil municipal élu, illégalement dissous par arrêté du préfet Delpech. Cette Commune s'était donné pour protecteur le général nomade Cluseret, qui déclara la garde nationale dissoute et lui défendit de se réunir en armes ou de faire battre le tambour, sous peine de voir les délinquants traduits devant une Cour martiale.

Informé de ces faits déplorables, le ministre Gambetta résolut d'accepter les démissions du commissaire extraordinaire Esquiros et du préfet Delpech, de nommer Gent, seul, pour les remplacer.

En attendant son arrivée à Marseille, prenant en considération la gravité des événements et la demande qui lui en avait été adressée par le général de la garde nationale, Marie, il lui confia la mission de mettre Marseille en état de siége. Nous lisons, en effet, dans une dépêche de ce ministre au préfet Delpech, en date du 31 août au soir, les lignes suivantes :

« Hier soir, trois dépêches sont parties signées de moi; l'une, pour
» accepter votre démission; l'autre, celle d'Esquiros; la troisième, pour
» donner au général Marie des ordres qu'il est de son devoir d'exécuter.
» Il a été autorisé à proclamer l'état de siége jusqu'à l'arrivée du nouveau
» préfet, M. Gent. Vous seriez donc personnellement responsable des
» désordres qui pourraient arriver par suite de la violation des ordres du
» général Marie (2). »

---

(1) Voir Rapport de M. de Sugny, page 23.

(2) Voir même Rapport, pages 100 et 105.

A quoi le préfet Delpech répondit :

« Je vous déclare, monsieur le ministre, que je suis décidé à m'opposer
» même par la force à la proclamation de l'état de siége (1). »

Cette résistance, soutenue par une partie de la population et de la garde
nationale, mit le général Marie dans l'impossibilité de remplir sa mission ;
et, des résolutions prises par le gouvernement, une seule fut exécutée : ce
fut le remplacement d'Esquiros et de Delpech par M. Gent.

Au lieu d'attendre la réalisation des mesures militaires réclamées par
diverses autorités, ce nouveau préfet espéra que, grâce à son incontestable
popularité et à sa rare énergie, il pourrait se rendre maître de la situation
et rétablir complétement l'ordre si profondément troublé.

Acclamé à son arrivée, il put cependant voir affichés sur les murs de la
ville des placards énormes où se lisaient ces mots : « **Nous voulons le
maintien d'Esquiros.** »

Dès qu'il a franchi le seuil de l'hôtel de la Préfecture, les portes se
referment sur lui, et vingt voix menaçantes lui intiment l'ordre de se
démettre en faveur d'Esquiros. Incapable d'une faiblesse, il résiste bra-
vement. A l'instant, il se voit entouré par quelques-uns des civiques les
plus audacieux, le sabre-baïonnette au bout de leur carabine; un coup
de pistolet part, et le malheureux Gent tombe cruellement blessé et
nageant dans son sang.

Ce crime inoui, les arrestations arbitraires ordonnées par le président
de la Commune révolutionnaire et les fusillades meurtrières des allées de
Meilhan soulevèrent la partie saine de la garde nationale, et la portèrent
à braver les menaces de Cluseret et à tenter un suprême effort pour déli-
vrer M. Gent, retenu encore prisonnier à la Préfecture.

On s'armait des deux parts, lorsque, grâce à l'énergique intervention
d'excellents citoyens, en tête desquels marchait un magistrat respectable
entre tous, M. Gamel, que l'impitoyable décret du 1ᵉʳ mars vient d'enlever
à son siége, les civiques, certains d'être vaincus, quittèrent la Préfecture
Gent fut délivré et l'ordre rétabli,

La première mesure prise par le nouveau préfet, encore couché sur
son lit de douleur, fut la dissolution du Conseil municipal élu. Une
immense majorité y fit rentrer la plupart des anciens membres les plus
dignes, et en fit sortir ceux qui avaient fait partie de la Commune révolutionnaire.

Pendant quelques mois, l'ordre se maintint, mais au prix de l'abandon

(1) Voir même Rapport, page 1.

des poursuites contre les auteurs de tous ces méfaits. Ce calme apparent n'était, en réalité, qu'une trève, car les préparatifs d'une nouvelle insurrection annoncée dans les clubs se continuaient incessamment et publiquement. La sinistre nouvelle de l'humiliant traité imposé à la France augmentait encore l'agitation des esprits. Le préfet Gent, partisan résolu de la guerre à outrance, s'était démis et avait fait place à l'infortuné amiral Cosnier, qui s'était couvert de gloire dans la défense de Paris. Dès son arrivée, il crut devoir provoquer une revue de la garde nationale, qu'il espérait amener à faire un acte solennel d'adhésion à l'Assemblée nationale et au Gouvernement qu'elle avait institué.

Prévenu des dangers de cette réunion, M. Cosnier voulut tardivement la contremander ; mais, grâce aux manœuvres de certains chefs et à la transmission trop lente de ses ordres, les bataillons les plus exaltés purent se réunir et marcher vers la Préfecture, pendant que tous les autres étaient retenus sous divers prétextes dans des jardins, dans de vastes cours ou sur leurs places d'armes. Les meneurs de cette manifestation hostile, arrivés les premiers, aux cris de : Vive Paris ! se précipitèrent vers la Préfecture, parvinrent à l'envahir et y retinrent prisonnier le préfet, ses principaux collaborateurs et le général de brigade. Les jours suivants, en possession du pouvoir, ils firent arrêter des magistrats et quelques autres citoyens, qu'ils retinrent dans la Préfecture à titre d'otages. Le général d'Espivent, commandant la division, avait dû se retirer à Aubagne avec ses troupes, et y avait établi son quartier général.

N'éprouvant plus aucune résistance, dès le 23 mars, les insurgés choisirent parmi eux les membres d'une sorte de gouvernement départemental et se préparèrent à créer une Commune révolutionnaire à l'instar de celle établie à Paris le 18 mars, et à résister aux attaques qui pourraient être dirigées contre eux par l'armée au service du gouvernement légal. A cet effet, ils s'emparèrent de toutes parts de fusils, de canons, de mitrailleuses et de munitions qu'ils accumulèrent dans la Préfecture. Ils firent acte de gouvernement auprès des départements voisins ; ils appelèrent des délégués de la Commune de Paris, et, par leurs conseils, convoquèrent les citoyens pour le 5 avril à l'effet d'en élire une semblable à Marseille.

De son quartier général d'Aubagne, le général Espivent avait lancé, dès le 26 mars, un arrêté déclarant le département des Bouches-du-Rhône *en état de guerre* ; mais, à la date du 3 avril, il prit un nouvel arrêté déclarant Marseille et sa banlieue seulement *en état de siége*, et, à la tête de 8,000 hommes environ de troupes de ligne et d'une nombreuse artillerie, il marcha sur cette ville dans la nuit du 3 au 4, et s'en empara le 4, après un combat assez meurtrier.

Pendant le cours de ces douloureux événements, où la victoire avait fini par rester au droit, il ne fut question ni du décret du 9 août, ni de la mise en état de siége du département des Bouches-du-Rhône. Le général exerça dans toute leur latitude, comme il les exerce encore à Marseille et dans sa banlieue, tous les droits que lui attribuait l'état de siége.

Sur le compte qu'aux termes des lois et des décrets il dut rendre au ministre de la guerre, ce dernier demanda et obtint de l'Assemblée nationale la ratification de son arrêté du 3 avril, aux termes de l'article 2 de la loi des 29 avril et 6 mai 1871.

Depuis lors, comme auparavant, M. le général Espivent s'est abstenu scrupuleusement de tout acte de son autorité en sa qualité de commandant de l'état de siége, sur quel point que ce puisse être du département des Bouches-du-Rhône, sauf Marseille et sa banlieue, bien qu'il s'y soit produit, surtout en 1871 et 1872, des faits qui l'y eussent peut-être provoqué.

Le 23 octobre 1873, le ministre de la guerre, par une lettre que nous avons déjà citée, manda à M. le général de division Espivent que les deux départements des Bouches-du-Rhône et du Var étaient encore en état de siége, le premier en vertu d'un décret de l'impératrice régente du 9 août 1870. Le ministre ajoutait qu'à la vérité cet état de siége avait été levé, par arrêté du commissaire extraordinaire en date du 8 septembre 1870, pour le département des Bouches-du-Rhône ; mais que cet arrêté devait être tenu pour non avenu, et qu'il eût à mettre le décret du 9 août à exécution dans ce département, sans tenir compte de tous actes ou faits antérieurs. Le ministre aurait pu ajouter que le décret du 9 août concernant les trois départements n'ayant été ni retrouvé ni promulgué, l'impératrice régente en avait rendu un autre à la date du 13 août, dûment inséré au *Bulletin des Lois*.

Dans les premiers jours de novembre, dernier trois ouvriers, les deux frères Bouscarle et le nommé Nicolas, sortant de la gare du chemin de fer à Tarascon vers 6 heures du matin, — il n'était pas encore jour, — se prirent à chanter la *Marseillaise* et une autre chanson que le procès-verbal dressé par la gendarmerie qualifie de séditieuse.

L'ayant entendu de leur caserne, deux gendarmes coururent sus à ces jeunes gens et se mirent en devoir de les arrêter. Ceux-ci se débattirent de leur mieux ; l'un d'eux put seulement être retenu ; les deux autres s'échappèrent, mais furent arrêtés le lendemain. Le 19 du même mois de novembre, ils furent traduits devant le Tribunal correctionnel de Tarascon et allaient y être jugés, lorsque M. le procureur de la République donna lecture au Tribunal d'une lettre de M. le général Espivent, revendiquant pour le 1ᵉʳ conseil de guerre de Marseille la connaissance de ces délits, en vertu de l'état de siége déclaré dans les Bouches--du-Rhône par le décret du 9 août 1870.

Par son jugement du même jour, et sur les conclusions conformes du procureur de la République, ce Tribunal se déclara incompétent et se dessaisit en faveur de l'autorité militaire, qui fit transférer les prévenus encore détenus, au fort Saint–Nicolas (1).

Les prévenus ayant interjeté appel, la cause fut déférée à la Cour d'Aix, et les prévenus y furent transférés.

Après de très–sérieux débats et une longue délibération, la Cour, par arrêt du 26 décembre, réforma la sentence des premiers juges, retint la cause et renvoya les débats sur le fond au 8 janvier suivant (2).

Sur le pourvoi de M. le procureur général, la chambre criminelle de la Cour suprême cassa cet arrêt et en renvoya la connaissance à la Cour d'appel de Montpellier, laquelle, adoptant les motifs de l'arrêt de la Cour d'Aix, et s'appuyant sur de nouveaux moyens, en droit et en fait, invoqués devant elle, réforma aussi le jugement du Tribunal correctionnel de Tarascon, évoqua le fond et renvoya les débats à l'audience du 1ᵉʳ juin dernier (3).

M. le procureur général près cette Cour s'est pourvu en cassation contre cet arrêt, et la chambre criminelle de cette Cour a renvoyé la connaissance de cette grave affaire devant les chambres réunies.

Avant d'aborder la discussion, il est bon d'en éliminer les questions sur lesquelles la Cour de Montpellier n'a pas cru devoir statuer, telles que celles concernant :

1° La non-déférence au Sénat du décret du 9 août 1870 ;

2° L'abrogation de l'article 12 de la Constitution de 1852 ;

3° La levée de l'état de siége, soit par le Conseil municipal, soit par l'administrateur supérieur Esquiros.

Ces points écartés du débat, il reste à discuter en droit celui de savoir si l'insertion des lois ou des décrets au *Bulletin des Lois* est une des conditions essentielles et absolues de leur promulgation aux termes de l'article 1ᵉʳ de l'ordonnance de 1816, ou si, au contraire, cette insertion

---

(1) Pièce justificative n° 2.
(2) Pièce justificative n° 3.
(3) Pièces justificatives nᵒˢ 4 et 5.

n'est qu'un mode de publication des lois ou des décrets, lequel pourrait être remplacé par celui qui est indiqué par les articles 4 de l'ordonnance de 1816, et 1er de l'ordonnance de 1817.

En fait, une double question se présente : celle de savoir si la promulgation du décret du 9 août 1870 a eu lieu, et celle très-subsidiaire de savoir si, en admettant que le mode de publication indiqué par les articles sus-indiqués pût suppléer la promulgation édictée par l'article 1er, si cette publication a été réalisée avec les formes et dans les conditions prescrites par l'article 1er de l'ordonnance de 1817.

Ces diverses questions se rattachent toutes à l'interprétation de l'article 1er de l'ordonnance de 1816.

Il est ainsi conçu : « A l'avenir, la promulgation des lois et de nos ordonnances résultera de leur insertion au Bulletin officiel. »

Le premier point à débattre gît dans le sens du mot *promulgation* employé dans cet article. Le ministère public en donne une définition d'où il prétend déduire la conséquence qu'il faut lire dans le texte le mot de *publication* à la place du mot de *promulgation*. Et voici la définition qu'il donne de la promulgation dans l'arrêt du 6 février dernier : La *promulgation*, y est-il dit, est « *l'acte par lequel le souverain donne l'ordre de faire exécuter une loi, un décret, une ordonnance.* »

Ce mode de promulgation, qui consisterait dans la sanction donnée aux lois ou aux décrets par le chef de l'État au moyen de sa signature et du contre-seing de ses ministres, serait leur véritable promulgation, sans qu'aucune de ces résolutions de la législature ou du chef de l'Etat eût à être complétée ou solennisée par son insertion dans aucun registre public ; en sorte que les décrets ou les lois prendraient date à partir du jour de leur publication, telle qu'elle serait réglée par les ordonnances de 1816 et 1817.

Les prévenus, au contraire, voient dans la promulgation : l'acte par lequel le chef du pouvoir exécutif donne sa sanction à une loi dûment délibérée et votée par la législature ou édicte un décret pris dans les limites de ses pouvoirs ; ordonne à tous de les exécuter, de les faire exécuter et de les publier ; atteste cette sanction par sa signature, par l'apposition du sceau de l'État, et en opère l'authentication officielle par leur insertion au *Bulletin des Lois*, registre public spécial tenu à cet effet et indiqué par l'ordonnance de 1816 pour leur donner une date certaine à partir de laquelle ils deviendront obligatoires ; sauf l'expiration des délais prescrits par la même ordonnance, et l'abréviation facultative de ces délais, en cas d'urgence, dans les conditions posées par les articles 4 de celle de 1816 et 1er de celle de 1817.

Il sera facile d'établir que cette définition de la promulgation est la seule vraie et qu'elle se justifie :

Par la législation antérieure à l'ordonnance de 1816 ;

Par les débats élevés à l'occasion de l'article 1er du Code civil ;

Par l'opinion des commentateurs les plus accrédités ;

Par le texte et l'esprit de l'article 1er de l'ordonnance de 1816 ;

Par l'exécution invariable de cet article, au moyen de l'insertion constante des lois et des décrets au *Bulletin des Lois* ;

Par les formules de promulgation adoptées en chancellerie depuis la mise en vigueur de l'ordonnance de 1816 ;

Par la jurisprudence récente de la chambre criminelle de la Cour de cassation ; enfin, par l'adhésion implicite qui y a été donnée par le gouvernement de la Défense nationale dans ses actes relatifs à ce décret du 9 août 1870.

§ 1er

Législation antérieure

Sous l'ancienne monarchie, la différence à établir entre la promulgation et la publication des lois était nettement établie en ces termes :

« Si donnons un mandement à nos amés et féaux, les gens tenant nos
» cours de Parlement, que nos présentes ils gardent, observent, fassent
» garder et observer, et afin qu'elles soient notoires à tous nos sujets, les
» fassent lire, *publier* et enregistrer. »

On voit par là que la promulgation était réalisée à l'instant où le sceau de l'État était apposé sur la loi, où l'ordre d'exécuter était ajouté à son texte, et qu'elle avait été ainsi transmise aux Parlements. Cette promulgation la rendait exécutoire, mais elle n'était obligatoire pour les citoyens qu'après qu'elle avait été lue à l'audience du Parlement et inscrite dans ses registres.

Après la Révolution, le décret du 9 novembre 1789 et la Constitution de 1791 accentuèrent mieux encore la différence à établir entre la promulgation et la publication des lois ; il y est dit que :

« La promulgation est l'acte par lequel le chef de l'Etat atteste au
» corps social l'existence de la loi et commande de l'exécuter, de la
» faire exécuter et de la *publier*. »

Ce principe parut être méconnu un instant par la loi du 14 frimaire an ii ; mais cette erreur disparut de nos lois par les Constitutions successives des 5 fructidor an v et 12 frimaire an viii.

§ II

Discussion du Code civil

Le rapporteur du titre préliminaire du Code civil, à l'occasiou de l'art. 1ᵉʳ de ce Code, s'exprimait ainsi :

« La promulgation est le moyen de constater l'existence de la loi
» auprès du peuple et de lier le peuple à l'observation de la loi. »
Non obligat lex nisi promulgata.

« La promulgation est la vive voix du législateur; en France, la forme
» de la promulgation est constitutionnelle, puisque la Constitution veut
» qu'elle soit faite par le premier Consul. La promulgation complète
» le caractère de la loi. La publication est la conséquence de la pro-
» mulgation, et a pour objet de faire connaître la loi. »

Le tribun Regnier ajoutait :

« Ce n'est pas de la promulgation que la loi tient son existence ; elle a
» existé auparavant. Mais il ne suffit pas qu'elle existe : il faut qu'il y en
» ait une preuve authentique, et c'est cette preuve qui sort de la promul-
» gation. C'est seulement cette promulgation qui atteste au corps social
» l'existence de l'acte qui constitue la loi et que cet acte est revêtu de
» toutes ses formes constitutionnelles ; alors seulement la loi paraît dans
» toute sa force et commande l'obéissance pour l'instant où elle sera
» connue. »

L'art. 1ᵉʳ du Code civil fut adopté dans cet esprit.

§ III

Opinion des Commentateurs

Pour ne pas multiplier les citations, il suffira de rappeler un court passage de l'ouvrage de M. Marcadé :

« C'est, dit cet auteur, la promulgation qui rend la loi exécutoire ;
» mais elle ne la rend pas encore obligatoire ; c'est-à-dire que, par le fait
» de la promulgation, la loi trouve en elle-même la puissance d'être
» exécutée. Mais il lui manque encore une condition extrinsèque : c'est
» la publication.

» La publication n'est que le moyen par lequel la loi et sa promulga-
» tion sont portées à la connaissance des citoyens. »

Cette opinion est aussi celle de M. Demolombe, et elle a été tout récemment développée très-disertement par M. le professeur Naquet, dans un article inséré au deuxième cahier de 1874 du *Journal du Droit criminel* ou *Jurisprudence criminelle de la France*, publié par M. Jules Godin.

§ IV

Texte et esprit de l'article 1er de l'ordonnance de 1816

Il est ainsi conçu : « A l'avenir, la promulgation des lois et de nos or-
» donnances résultera de leur insertion au *Bulletin officiel.* »

Existe-t-il dans nos lois un texte plus clair, et qui, pour l'exécution de ses prescriptions, implique une nécessité plus précise ?

Pas n'est besoin d'être jurisconsulte pour comprendre le sens nécessaire et virtuel de cet article ; pour reconnaître que, dans la pensée du législateur, l'insertion des lois ou ordonnances pourvues de la sanction du chef de l'Etat, de son seing et du contre-seing des ministres et revêtues du sceau de l'Etat, au *Bulletin officiel des Lois,* en opère ou en complète la promulgation, et que cette promulgation authentique ces lois ou ordonnances, et leur sanction par le Pouvoir exécutif, et leur donne enfin une date certaine à partir de laquelle elles seront obligatoires dès qu'elles auront été publiées, soit par la voie de l'envoi du *Bulletin* lui-même sur tous les points de la France, soit par tous les autres moyens de publicité autorisés par les lois, et auxquels les fonctionnaires chargés d'en assurer l'exécution pourraient avoir recours.

L'esprit qui a présidé à la rédaction de cette ordonnance s'est manifesté bien nettement dans le préambule dont il l'a fait précéder. On y voit, en effet, que placé entre deux systèmes, dont l'un considérait comme promulgation des lois et ordonnances la sanction qui leur était donnée alors par le roi et les considérait comme exécutoires à partir du jour où cette sanction leur avait été donnée ; et dont l'autre déduisait la promulgation de l'insertion des lois au *Bulletin officiel,* le législateur s'est prononcé pour le second. Ce préambule démontre jusqu'à l'évidence que le législateur a eu pour but de régler ainsi la forme de la promulgation et de l'établir de telle façon que, tout en donnant une authentication solennelle aux lois ou ordonnances et à la sanction que leur aurait donnée le Pouvoir exécutif, elle pût servir à donner de la publicité à la loi et à sa promulgation.

D'où la conséquence que, l'insertion au *Bulletin des Lois* étant indiqué comme un mode unique de promulgation, cette formalité entraîne la nullité de tout acte législatif ou de décret qui n'aurait pas été inséré au *Bulletin officiel.* Par application de ce principe admis dans toutes les législations : *Lex non obligat nisi promulgata,* il est, en droit civil, tenu pour certain que lorsqu'un contrat destiné à régler les rapports de famille ou d'intérêt entre les citoyens, et que, à certains points de vue, il peut se rattacher à l'ordre public, doit être, aux termes de la loi, réalisé par acte authentique, cette formalité omise rend l'acte nul et sans valeur. En voici quelques exemples :

L'article 334 du Code civil exige que la reconnaissance d'un enfant naturel soit faite par acte authentique, lorsqu'elle ne l'aura pas été dans son acte de naissance; à défaut, la reconnaissance est tenue pour nulle par la doctrine et la jurisprudence.

Autre exemple tiré de l'article 854 du Code civil : Le fils associé avec son père est obligé à rapporter à sa succession les bénéfices qu'il aurait faits, même sans fraude, dans cette association, à moins qu'elle n'ait été établie par acte authentique. Et cependant, depuis que l'industrie a progressé, que les sociétés se sont développées au point de rendre nécessaires des lois nouvelles, on a créé une sorte d'état civil et public des sociétés commerciales. Lorsque l'acte en est dressé sous-seing privé, il est enregistré, déposé et affiché au greffe du Tribunal de commerce; on en exige la publication dans les journaux et la déclaration lors du mariage des époux, et cependant la jurisprudence décide que ces publications diverses ne suppléent pas l'acte authentique exigé par l'article 854 du Code civil, et que le rapport est dû.

A combien plus forte raison ne doit-on pas considérer comme nuls et non obligatoires les décrets dont le texte et la ⸢sanction n'ont pas été authentiqués et promulgués d'après le mode prescrit par l'ordonnance de 1816?

§ V

Pratique constante de la Chancellerie

Il suffit de lire le *Bulletin des Lois*, depuis l'ordonnance de 1816 jusques et y compris le mois d'août 1870, pour se convaincre que toutes les lois et tous les décrets dont le chef de l'Etat a voulu poursuivre l'exécution ont été promulgués par leur insertion au *Bulletin officiel*, par la raison bien simple qu'ils ne pouvaient devenir exécutoires que par cette promulgation, et obligatoires que par leur publication, que la promulgation devait toujours précéder.

Plus spécialement, les décrets de mise en état de siége du Haut-Rhin, du Bas-Rhin, de la Haute-Garonne, du Var, de Cherbourg, de Brest, de Lorient, des Pyrénées-Orientales, du Cher et de la Nièvre ont été insérés au *Bulletin des Lois*, où l'on ne trouve pas celui qui concerne le département des Bouches-du-Rhône, qui eût été rendu le même jour que celui qui atteint le département de la Haute-Garonne, et qui y a été inséré.

Que si quelques décrets semblables ne l'ont pas été, il faut l'attribuer aux embarras du gouvernement de la régence, qui, par décret du même jour, 9 août, remplaçait le ministère Ollivier. Il résulterait seulement de cette omission que ces décrets seraient entachés du même vice que celui du 9 août édicté contre le département des Bouches-du-Rhône.

En citant ces décrets non insérés au *Bulletin officiel*, M. l'avocat général Bédarrides semble n'avoir pas tenu assez compte de plusieurs faits très-importants à relever.

Tous les décrets constatant la mise en état de siége de la Seine, du Rhône et d'une foule d'autres départements ont été insérés au *Journal officiel*.

Ces décrets ont été annoncés aux deux Chambres dans leur séance du 9 août; et ceux concernant la Seine et le Rhône ont été déférés au Sénat, ainsi que cela est constaté dans les arrêts de rejet des 11 mai et 12 octobre 1871, rendus par la Chambre criminelle, devant laquelle le défaut de promulgation n'a pas été invoqué.

La circonstance que ces décrets auraient été adressés d'urgence à MM. les préfets, et publiés et affichés par leurs ordres, dans les mêmes conditions que celui du 9 août, reste à l'état de pure allégation.

Du reste, qu'on ne l'oublie pas, les décrets de mise en état de siége, émanant du chef de l'Etat, sont de véritables décrets-lois, et que, délibérés, sanctionnés et signés secrètement dans le sein du Conseil des ministres, ils exigent plus que tous autres et impérieusement l'accomplissement de toutes les formalités prescrites pour constater leur existence et leur promulgation.

La Chambre criminelle leur a solennellement reconnu ce caractère. M. l'avocat général Bédarrides avait dit dans ses conclusions que « la » déclaration de l'état de siége est un acte de souveraineté et non de » pure administration, car il suspend le droit commun. Il ne peut donc » émaner que du pouvoir législatif ou du pouvoir exécutif délégué à cet » effet. »

La Cour s'est approprié cette vérité juridique, en disant, dans son arrêt du 6 février dernier, que « l'établissement, comme la levée de l'état de siége, est un acte de souveraineté et non un acte d'administration. »

Oui, certes, un tel décret, qui change l'ordre des juridictions criminelles, et, suivant l'expression énergique et vraie de l'article 92 de la Constitution de l'an VIII, place hors de la Constitution des cités ou des départements, a le caractère d'une loi (1).

---

(1) Le 6 février, il a été question de la levée de l'état de siége de la Nièvre; ce décret n'a jamais été inséré au *Bulletin officiel*. Par contre, le décret du 22 août 1870, qui mettait en état de siége le Cher et la Nièvre, y a été inséré à la date du 17 septembre, par ordre du Gouvernement de la Défense nationale. Le décret ordonnant la levée de cet état de siége, pour la Nièvre seulement, a été inséré le même jour, 17 septembre, mais dans le *Journal officiel*, bien avant que ce journal n'eût été substitué au *Bulletin officiel* par le décret du 5 novembre suivant.

Ce n'est, évidemment, qu'en modifiant le texte de l'article 1ᵉʳ de l'ordonnance de 1816, et en en méconnaissant l'esprit et la portée, que la Chambre criminelle a pu casser l'arrêt de la Cour d'Aix du 24 décembre dernier, et pourrait casser de même celui de la Cour de Montpellier.

Voici, en effet, le motif de l'arrêt du 6 février, où se rencontre cette modification de texte par la substitution du mot *publication* au mot de *promulgation* porté dans l'article 1ᵉʳ de l'ordonnance de 1816 : « Avant le décret rendu le 5 novembre 1870 par le gouvernement de la Défense nationale, la *publication* résultait de l'insertion au *Bulletin des Lois*, mais que cette insertion ne constituait qu'un mode de publication qui, usité dans la plupart des cas, pouvait être remplacé par un autre. »

Pas n'est besoin de reproduire les arguments ci-dessus développés, qui établissent péremptoirement l'esprit, le sens et la portée de l'article 1ᵉʳ de l'ordonnance de 1816.

§ VI

Formule de la Promulgation des Lois

La formule de la promulgation des lois a toujours été la même, à cela près des modifications rendues nécessaires par le changement des gouvernements. Depuis que l'article 1ᵉʳ de l'ordonnance de 1816 a fait résulter cette promulgation de l'insertion au *Bulletin des Lois*, qui devenait dès lors l'unique constatation légale de la sanction donnée à la loi promulguée, et la forme nécessaire à employer ; la formule a dû être modifiée, et l'a été en effet de manière à faire de cette insertion au *Bulletin des Lois* une des conditions de la promulgation, à l'égal de la signature du souverain et de l'apposition du sceau de l'État. Cette formule a, depuis, été invariablement employée, même pendant la régence de l'impératrice.

On en trouve la preuve dans le décret de promulgation de la loi du 30 juillet 1870, en date du 9 août suivant. En voici la copie :

« NAPOLÉON,

» Par la grâce de Dieu et la volonté nationale, empereur des Fran-
» çais,

» A tous présents et à venir, salut ;

» Nous avons proposé, les Chambres ont adopté, nous avons sanctionné
» et sanctionnons, promulgué et promulguons ce qui suit :

(*Texte de la Loi*)

» La présente loi, discutée, délibérée et adoptée par le Sénat et par
» le Corps législatif, sera exécutée comme loi de l'Etat.

» Mandons et ordonnons que les présentes, revêtues du sceau de
» l'Etat et insérées au *Bulletin des Lois*, soient adressées aux Cours
» et Tribunaux et aux autorités administratives, pour qu'ils les inscrivent
» sur leurs registres, les observent, les fassent observer, et notre ministre
» au département de la justice et des cultes est chargé d'en surveiller
» la *publication*.

» Fait en conseil des ministres, le 30 juillet 1870.

» L'impératrice-régente,

(Sceau de l'Etat) » EUGÉNIE.

» Le garde des sceaux,
» E. OLLIVIER.

» Le garde des sceaux,
» E. OLLIVIER. »

En outre, le *Bulletin* lui-même, daté du 9 août, date de la réception au
ministère de la justice et des cultes, porte le sceau de l'Etat, et est
certifié conforme et signé par le garde des sceaux.

Dans la pensée du gouvernement, l'insertion au *Bulletin officiel* devient donc la condition nécessaire de la promulgation des lois, et cette
condition doit être accomplie avant qu'elles ne soient adressées aux
Cours et Tribunaux et aux autorités administratives, et publiées.

On répondra peut-être que cette formule n'est employée que pour la
promulgation des lois ; argument sans portée, puisque l'article 1er de
l'ordonnance de 1816 rend ses dispositions applicables aux ordonnances
ou décrets, et que le décret impérial des 2 et 9 décembre 1852 veut
qu'elles soient également promulguées.

Comment donc justifie-t-on cette distinction entre les lois et les décrets à propos d'une loi qui les assimile et leur rend commun le mode
de promulgation qu'elle édicte ?

M. l'avocat général Bédarrides a cru trouver cette justification dans l'avis
du Conseil d'Etat du 23 prairial an XIII. Dans ses conclusions du 6 février, il disait : « Les ordonnances de 1816 et 1817 assimilent la promul-
» gation des ordonnances à celles des lois. Toutefois, un avis du Conseil
» d'Etat, en date du 25 prairial an XIII, dit que les décrets non insérés
» au *Bulletin officiel* seront obligatoires du jour de leur notification ou
» publication. Cette décision, d'après une doctrine autorisée, serait en-
» core applicable aux décrets non insérés. »

La lecture seule de l'avis du Conseil d'Etat réfute péremptoirement
cette argumentation. En effet, il est ainsi conçu :

« Le Conseil d'Etat

» Est d'avis que les décrets impériaux insérés au *Bulletin des Lois* sont
obligatoires dans chaque département du jour auquel le *Bulletin* aura été

distribué conformément à l'article 12 *de la loi* du 12 vendémiaire an IV, et que, quant à ceux qui ne sont pas insérés au *Bulletin* ou qui n'y sont indiqués que par leur titre, ils sont obligatoires du jour qu'il en est donné connaissance *aux personnes* qu'ils concernent par publication, affiches, notification ou assignation ou envois faits ou ordonnés par les fonctionnaires publics chargés de l'exécution. »

Il est évident que le Conseil d'Etat a parfaitement distingué les décrets d'intérêt général — pour ceux-là, ils sont obligatoires, en vertu de leur insertion au *Bulletin des Lois*, dans les délais légaux, — de ceux qui intéresseraient seulement des personnes, des syndicats, des corporations, qui pourraient ignorer les décrets les concernant et leur teneur, qui n'auraient pas été insérés au *Bulletin officiel*, ou n'y auraient été indiqués que par leur titre.

Est-il possible, est-il juridique de ranger un décret-loi mettant un département en état de siége, et qui intéresse la France entière, dans cette dernière classe de décrets, ayant pour unique objet de procurer à de simples personnalités les moyens de connaître les décrets qui les concernent, insérés au *Bulletin officiel*, ou mentionnés seulement par leur titre?

Il n'y a certes pas lieu de s'étonner de ce que ce motif ne figure pas dans l'arrêt du 6 février dernier.

§ VII

Jurisprudence antérieure de la Chambre criminelle

Par son arrêt du 6 février dernier, la Chambre criminelle de cette Cour a très-nettement changé sa jurisprudence, quant au sens et à la portée de l'art. 1ᵉʳ de l'ordonnance de 1816. Par ses arrêts antérieurs, elle reconnaît que l'insertion au *Bulletin officiel* constitue l'unique mode légal de promulgation des lois et des décrets, et qu'à défaut de cette insertion régulière et complète, ces lois et ces décrets n'obligent pas les citoyens à leur exécution.

L'arrêt du 6 février affirme que cette insertion au *Bulletin officiel* ne constitue qu'un mode de publication des lois et des décrets.

La première jurisprudence de la Chambre criminelle est attestée par quatre arrêts des 7 juillet 1871, 9 et 30 décembre 1871 et 23 janvier 1872 (D. P. 1871, 1. 263; D. P. 73, 1. 46; D. P. 71, 1. 368; D. P. 73, 1. 8).

Les trois premiers arrêts ont été rendus à l'occasion du décret de la Délégation de Tours du 27 octobre 1870, lequel déférait au jury la connaissance de tous les délits politiques et de tous les délits commis par la voie de la presse, et l'appelait désormais à statuer seul sur les dommages-intérêts réclamés pour fait de délits de presse.

Appelée à se prononcer, le 7 juillet 1871, sur la validité de ce décret, la Chambre criminelle en prononça la nullité par le motif suivant :

« Le décret du 27 octobre 1870, n'ayant pas été légalement promulgué,
» n'est pas obligatoire. »

Le 9 décembre 1871, elle sententia de même, par le motif que « le
» décret de la Délégation de Tours du gouvernement de la Défense natio-
» nale n'avait pas été promulgué ; qu'il était sans existence légale et sans
» force exécutoire. »

Le 30 décembre 1871, elle décida de même qu'à défaut d'une promulgation régulière, ce décret n'avait jamais eu force obligatoire. Cependant, bien avant son décret du 11 novembre, qui substituait définitivement le *Moniteur universel* édicté à Tours au *Bulletin officiel* pour la promulgation des lois et des décrets, la Délégation avait, en fait, employé ce journal à la promulgation des lois et des décrets, et, dans son numéro du 29 octobre 1870, et sous ce titre :

BULLETIN OFFICIEL DE LA DÉLÉGATION DU GOUVERNEMENT DE LA DÉFENSE NATIONALE

elle avait promulgué son décret du 27 octobre 1870, revêtu de la signature de tous ses membres.

Ce décret, annoncé par l'Agence Havas à tous les journaux ses abonnés, qui reproduisirent cet avis, fut ainsi connu de toute la France. Il parvint à tous les parquets, qui durent l'exécuter dans les départements qui n'étaient pas en état de siége, s'il faut en juger par sa mise à exécution dans le ressort de la Cour d'Aix.

A ces notes seront jointes les pièces suivantes :

1° Numéro du *Moniteur universel* du 29 octobre ;

2° Copie certifiée de l'insertion dans divers journaux de l'annonce de l'Agence Havas ;

3° Trois copies en forme d'arrêts de la Cour d'Aix, rendus en vertu des dispositions du décret du 27 octobre 1870.

L'arrêt du 23 janvier 1872 a été rendu à l'occasion d'un décret autorisant un emprunt de 9 millions voté par le Conseil mnnicipal de Lyon, et émané de la Délégation de Tours.

Pour comprendre la portée de cet arrêt, il est nécessaire de rappeler divers décrets.

Par un de ces décrets, en date du 15 septembre 1870, promulgué le 7 octobre 1870, la Délégation ordonna que le dépôt de ces décrets à la préfecture d'Indre-et-Loire équivaudrait au dépôt au ministère de la justice, ordonné par la loi pour les actes officiels.

Un second décret, en date du 1ᵉʳ octobre 1870, promulgué le 19 du du même mois, ordonna la création à Tours d'un *Bulletin des Lois* de la Délégation du gouvernement de la Défense nationale hors de Paris, et que ce Bulletin serait publié sous la surveillance du garde des sceaux, ministre de la justice.

De son côté, le gouvernement de la Défense nationale, siégeant à Paris, édicta, le 5 novembre 1870, un décret, promulgué le 11 seulement, et qui disposait que dorénavant la promulgation des lois et décrets résulterait de leur insertion au *Journal officiel de la République française,* lequel à cet égard remplacerait le *Bulletin des Lois.* Il disposait, en outre, que le *Bulletin des Lois* continuerait à être publié, et que l'insertion qui y serait faite des actes non insérés au *Journal officiel* en opèrerait la promulgation.

Enfin, par décret du 11 novembre 1870, promulgué le 29 seulement, la Délégation de Tours édicta que, tant que la communication avec la ville de Paris et le gouvernement de la Défense nationale ne serait pas rétablie, le *Journal officiel* de la République française ne pouvant pas venir régulièrement dans les départements, la promulgation des lois et des décrets rendus par la Délégation du gouvernement, aurait lieu dans le *Moniteur universel,* qui remplacerait, pour leur publication et leur promulgation, le *Journal officie¹ de la République française.*

Le décret-loi du 5 novembre 1870, par lequel la Délégation gouvernementale de Tours autorisait la ville de Lyon à s'imposer une somme de neuf millions pour la défense nationale, fut inséré au *Bulletin des Lois* imprimé à Tours, déposé à la préfecture de Tours le 29 novembre et reproduit par extraits seulement dans le *Moniteur universel* du 23 novembre.

Il est prouvé, d'ailleurs, que ce décret a été par deux fois publié et affiché sur les murs de Lyon, ainsi que le constatent deux numéros du *Salut public,* qui seront produits avec ces notes; que, de plus, il a été exécuté jusqu'à concurrence d'environ 3 millions, dont il a été tenu compte aux contribuables prêteurs, par suite de l'arrêt du 23 janvier 1872.

Cependant, la Chambre criminelle de cette Cour rendit l'arrêt suivant :

« Attendu que le décret du 5 novembre 1870, émané du gouvernement
» de la Défense nationale siégeant à Paris, porte qu'à l'avenir la promul-
» gation des lois et décrets résultera de leur insertion au *Journal officiel de*
» *la République française,* lequel, à cet égard, remplacera le *Bulletin des*
» *Lois,* et qu'aux termes du décret du 11 du même mois, émané de la
» Délégation du gouvernement siégeant à Tours, le *Moniteur universel* est
» substitué au *Journal officiel de la République française* pour la publication
» et la promulgation des lois et décrets rendus par ladite Délégation;

» Attendu qu'il résulte de ces dispositions générales que la feuille dési-
» gnée dans ce décret est devenue, pour les actes dont il s'agit, l'instru-
» ment unique de promulgation ;

» Que si un paragraphe additionnel du décret du 5 novembre attribue
» ce caractère au *Bulletin des Lois* pour les actes non insérés au *Journal*
» *officiel,* cette réserve qui, d'ailleurs, n'est pas reproduite dans le décret
» du 11 novembre, ne saurait, dans aucun cas, s'appliquer à des actes
» d'intérêt public ayant le caractère de loi ;

» Attendu qu'il est constaté, en fait, que le décret-loi du 5 novembre
» 1870, par lequel la Délégation gouvernementale de Tours a autorisé la
» ville de Lyon à s'imposer extraordinairement une somme de 9 millions
» pour la défense nationale, a été inséré au *Bulletin des Lois*, reçu à la
» préfecture de Tours le 29 novembre, mais qu'il n'a pas été textuelle-
» ment publié dans le *Moniteur universel* ; qu'il n'a été inséré que par
« extraits dans le numéro de ce journal portant la date du 23 novembre ;
» qu'une pareille insertion est évidemment insuffisante ; que c'est donc à
» bon droit que le jugement attaqué a déclaré que ledit décret n'avait pas
» été régulièrement promulgué et, par suite, n'était pas exécutoire. »
(Arrêt du 23 janvier 1872.)

On le voit, la Chambre criminelle, dans ces deux circonstances, pousse
jusqu'au scrupule le respect du principe posé par l'art. 1er de l'ordonnance
de 1816, qui fait résulter la promulgation des lois et des décrets de leur
insertion au *Bulletin des Lois* ou de tout autre journal qui y aurait été
légalement substitué.

Son arrêt du 6 février dernier constitue donc, de sa part, un changement complet d'opinion et de jurisprudence sur la question posée aujour-
d'hui.

§ VIII
Reconnaissance de la nullité du décret du 9 août par le Gouvernement lui-même

Elle résulte de faits constants relevés dans l'exposé, et tous constatés
par des pièces indiscutables; il suffira de les résumer en quelques lignes.

Par une proclamation du 5 septembre 1870, publiée et affichée, le Conseil municipal déclare solennellement l'état de siége levé.

Par une dépêche ministérielle du 6, adressée au général, on lui mande
que le décret du 9 août, mettant en état de siége les Bouches-du-Rhône,
le Var et les Alpes-Maritimes, reste en vigueur.

Le 7, à son départ de Paris, le nouvel administrateur supérieur reçoit
un nouveau décret destiné à *replacer* Marseille ou le département tout entier
en état de siége.

Le 9, il annonce au ministre de l'intérieur qu'il a dû renoncer à publier ce décret. Le ministre y renonce.

Le 31 octobre, des événements graves portent le gouvernement de la Défense nationale à penser qu'il serait urgent d'accepter les démissions de l'administrateur supérieur et du préfet, et d'acquiescer à la demande du général de la garde nationale de remettre Marseille en état de siége. En conséquence, il envoie à ce dernier l'ordre de le proclamer.

Des résistances se produisent, l'ordre est rétabli par d'autres moyens, et l'état de siége ne l'est pas.

Enfin, à la suite d'une insurrection armée, et qui s'érige en Commune révolutionnaire, le gouvernement créé par l'Assemblée nationale réunit sous les ordres du général Espivent, retiré à Aubagne, un corps de troupes considérable, et celui-ci, le 3 avril 1871, proclame l'état de siége *de Marseille et de la banlieue seulement*, et l'Assemblée nationale, laquelle doit toujours, dès qu'elle est réunie, ratifier tout état de siége déclaré pendant qu'elle ne siégeait pas (loi de 1849), ne sanctionne pas celui qu'aurait établi le décret du 9 août, et ratifie uniquement celui qu'avait déclaré le général Espivent, le 7 avril (art. 2 de la loi du 29 avril, 6 mai 1871).

La conduite du gouvernement de la Défense nationale, celle du ministère Thiers, qui lui a succédé, et celle de l'Assemblée nationale, ne s'expliquent que parce que, ne trouvant pas l'original du décret du 9 août, ni sa régularisation au *Bulletin officiel*, ni son insertion au *Journal officiel*, ni au *Moniteur universel*, ils l'ont tenu pour nul, puisqu'en septembre et octobre 1870 et en avril 1871, ils ont recours à d'autres décrets.

Partant de cette prémisse, dont la fausseté est désormais péremptoirement établie, à savoir que l'insertion au *Bulletin officiel* des lois et des décrets n'est autre chose qu'un mode de publication qui peut être remplacé par un autre, l'arrêt du 6 février en arrive à poser en principe que les ordonnances de 1816 et 1817 offrent au chef de l'État deux modes de publication : — celui, le plus ordinairement adopté, indiqué par l'article 1ᵉʳ de l'ordonnance de 1816, et celui, d'une plus facile exécution, réglé par les articles 4 de l'ordonnance de 1816 et 1ᵉʳ de celle de 1817. — Il va plus loin, puisqu'il déclare inutile l'accomplissement des formalités prescrites par cet article, et que, pourvu que la publication par affiches des lois et décrets, transmis directement aux préfets ait été réalisée, après leur transcription pure et simple au *Recueil des Actes administratifs* de leur département, et les habitants en ayant eu ou dû avoir connaissance, le vœu de la loi est rempli, et les lois ou décrets sont exécutoires et obligatoires.

Pour mieux fixer les éléments de la discussion, en fait et en droit, de cette partie de l'arrêt, il est bon de les transcrire ici :

» Attendu que le souverain pouvait, aux termes des ordonnances des » 27 novembre 1816 et 18 janvier 1817, envoyer directement et en cas » d'urgence, au préfet d'un département, les lois, décrets ou ordon- » nances, *avec ordre de les faire imprimer et afficher dans sa circonscription* » *administrative*, et substituer par là à la fiction légale de la publicité » résultant de l'insertion au *Bulletin des Lois* une publicité réelle et plus » efficace :

» Que l'existence du décret du 9 août 1870, quoiqu'il n'ait pas été » inséré au Bulletin, n'a jamais été contestée, et est reconnue en fait » par l'arrêt attaqué ;

» Que ce décret a été envoyé d'urgence au préfet des Bouches-du-Rhône, » immédiatement inséré au *Bulletin des Actes administratifs*, imprimé » et affiché partout où besoin était ;

» D'où il suit que ce décret a été régulièrement porté à la connaissance » des habitants et est devenu obligatoire dans tout le département ;

» Que l'arrêt objecte vainement que l'arrêté que le préfet aurait dû » prendre incontinent, en conformité de l'art. 1ᵉʳ de l'ordonnance du 18 » janvier 1817, n'est pas représenté ;

» *Que les troubles qui ont éclaté à Marseille, à l'occupation prolongée de* » *l'Hôtel de la Préfecture par les insurgés, peuvent expliquer ce défaut de* » *représentation, mais que l'existence de cet arrêté qui, d'ailleurs, n'est pas* » *une condition substantielle de la publication, ne saurait être sérieusement* » *méconnue, puisque l'insertion au* Bulletin administratif, *l'impression et* » *l'affichage du décret ont réellement eu lieu, et n'ont pu avoir lieu qu'à la* » *suite de cet arrêté ;*

» Qu'au surplus, c'est la publication même qui rend obligatoires les » lois, décrets ou ordonnances, et que cette publication est reconnue en » fait par l'arrêt attaqué. »

D'après le système de cet arrêt, la publication rapide des lois ou des décrets pourrait précéder leur promulgation et la suppléer au besoin ; et de plus, la transcription des lois ou des décrets au *Bulletin des Actes administratifs* et leur publication par affiche rendraient inutiles, d'une part, l'ordre formel et par décret adressé par le chef de l'État aux préfets, et, d'autre part, l'arrêté imposé à ces fonctionnaires par l'article 4 de l'ordonnance de 1817.

Ces diverses propositions tiennent à ce que l'on s'est singulièrement trompé sur la nature et le but de la publication des lois ou décrets en cas d'urgence.

Lors de la présentation du projet du Code civil, l'article 1ᵉʳ se terminait ainsi :

« Le délai après lequel les lois seront exécutoires pourra, suivant l'exi-
» gence des cas, être modifié par la loi qui sera l'objet de la publication. »

Le Tribunal fit supprimer ce paragraphe, qui, cependant, était des plus rationnels, parce que l'on pouvait facilement prévoir une infinité de cas où des événements extraordinaires nécessiteraient l'abréviation des délais proportionnels aux distances indiquées par les lois.

Cela est si vrai, qu'après soixante-dix ans le gouvernement de la Défense nationale a consacré cette disposition dans son décret du 5 novembre 1870.

Ce qui pouvait être prévu s'est produit bien souvent, et l'on a eu à regretter vivement de ne pas trouver dans les lois un moyen sûr d'abréger les délais légaux pour rendre exécutoires, dans certains temps et dans certains lieux, des lois ou des décrets qui devraient être rendus exécutoires d'urgence. C'est à quoi le roi voulut pourvoir, d'abord par l'article 4 de l'ordonnance de 1816 qui disposait que, dans les cas et les lieux où il jugerait convenable d'en hâter l'exécution, les lois et ordonnances seraient censées publiées et seraient exécutoires, du jour qu'elles seront parvenues au préfet, qui en constatera la réception sur un registre.

Cependant, ce mode de publication hâtive et purement fictive excita des réclamations générales, auxquelles il fut répondu par l'article 1 de l'ordonnance de 1817, portant que, « dans les cas prévus où le chef de l'Etat
» jugerait convenable de hâter l'exécution des lois et des ordonnances en
» les faisant parvenir extraordinairement sur les lieux, les préfets pren-
» draient *incontinent* un arrêté par lequel ils ordonneraient que ces lois
» et ordonnances seraient imprimées et affichées partout où besoin serait
» et deviendraient exécutoires à compter du jour de la publication faite
» dans la forme prescrite. »

Ce mode de publication ne constitue en réalité qu'une abréviation des délais de distance compensés par la substitution d'un mode de publication réelle à la publication fictive qui avait été d'abord prescrite par l'article 4 de l'ordonnance de 1816, mais qui ne pouvait en aucun cas dispenser de la promulgation les lois et les décrets ainsi publiés.

Voici un exemple de l'effet de cette publication pour le département des Bouches-du-Rhône :

Dans ce département, un décret promulgué à Paris, en tenant compte du délai des distances et des trois jours réservés à Paris même pour la mise à exécution des lois, ces lois ou décrets seraient exécutoires à Marseille, d'après les règles ordinaires, après onze jours de leur promulgation et de la réception du *Bulletin officiel* à la Préfecture. Tandis que, grâce à l'envoi immédiat des lois ou des décrets promulgués et d'un décret spécial qui autorise cette publication, ils pourraient être rendus exécutoires à Marseille deux jours après leur promulgation et celle du décret autorisant cette publication hâtive.

Cette mesure n'étant pas admise par la loi, il va de soi qu'elle doit être autorisée par le chef du pouvoir exécutif, sinon elle serait laissée à l'arbitraire des ministres ou des préfets ; mais il n'en saurait être ainsi dès l'instant où le Roi, dans les ordonnances de 1816 et 1817, a dit que « pour » que cette publication hâtive pût avoir lieu, ce ne pourrait être que dans » les cas ou dans les lieux où il jugerait convenable de hâter l'exécution » des lois et des ordonnances ». — Or, n'est-il pas évident que lorsqu'une loi ou une ordonnance fixe certains délais pour qu'elles puissent être exécutoires, il faut une nouvelle loi ou une ordonnance pour modifier ou abréger ces délais ? Il ne pourrait donc suffire d'un ordre secret ou verbal adressé au préfet par le chef du pouvoir exécutif, et qui, par conséquent, ne serait pas porté à la connaissance des citoyens, et qui ne serait pas exécutoire contre eux si elles n'étaient pas rendues telles par les mêmes moyens que les lois ou ordonnances ainsi modifiées.

Ces propositions ont reçu de tout temps la sanction du gouvernement. Toujours le chef de l'État, lorsqu'il a voulu hâter l'exécution d'une loi ou d'un décret, a commencé par les promulguer ; puis il a rendu à la même date un décret d'urgence qui en ordonnait la publication hâtive. Ce nouveau décret, il l'a aussi promulgué, et l'a fait ensuite parvenir aux préfets.

Voici quelques exemples de ce mode de procéder :

Une loi sur le cours légal des billets de la Banque de France est votée le 12 août 1870 ; le crédit souffrait ; il y avait urgence à la promulguer et à la publier promptement. Le même jour, 12 août, elle est promulguée par son insertion au *Bulletin officiel* sous le nᵒ 16344. Le même jour, encore, l'impératrice régente rend un décret pour en ordonner la publication conformément aux ordonnances de 1816 et de 1817 ; et le même jour, encore, ce décret est promulgué, par son insertion au *Bulletin officiel*.

Le gouvernement agit de même quant aux décrets : ainsi, trois décrets du 11 janvier 1870, convoquant les électeurs de divers départements pour élire chacun un député, sont promulgués le 13 janvier ; le même jour est promulgué aussi un décret impérial ainsi conçu :

« NAPOLÉON, etc. . . . .

« Vu les trois décrets . . . .

» portant convocation des collèges électoraux de la troisième circonscrip-

» tion du département de l'Aude, de la deuxième circonscription d'Ille-
» et-Vilaine et de la quatrième circonscription du département de l'Isère,
» pour l'élection de députés, etc. ;
  » Vu les ordonnances des 27 novembre 1816 et 18 janvier 1817;
  » Sur la proposition de notre ministre de la justice et des cultes,
  » Avons décrété et décrétons ce qui suit :
  » Art. 1er. — La publication de ces trois décrets sera faite conformé-
» ment aux ordonnances de 1816 et de 1817.
  » Art. 2. — Notre ministre de la justice et des cultes est chargé, etc. »

Les 15 et 16 mars 1870, un décret de même nature est suivi immédiatement d'un décret aux mêmes dates, ordonnant la publication du décret précédent.

Nous trouvons de semblables décrets rendus par l'impératrice régente et promulgués de même depuis le 17 juillet 1870, jusques et y compris le 3 septembre suivant, par conséquent, à une époque difficile et où l'urgence de mettre à exécution les lois importantes qui motivaient ces décrets exigeait plus impérieusement que jamais leur prompte mise à exécution. Cependant, ce mode de procéder n'a jamais été négligé.

En consultant le *Recueil des Actes administratifs* du département des Bouches-du-Rhône, lequel est complet et passera sous les yeux de la Cour, nous y remarquons qu'avant et après le décret du 9 août, toutes les fois que le gouvernement a adressé au préfet de ce département des lois pour lesquelles le gouvernement avait décrété leur publication aux formes des ordonnances de 1816 et de 1817, elles y sont transcrites, ainsi que le décret concernant leur publication, avec la date de leur réception, et y sont suivies de l'arrêté prescrit par les ordonnances, qui est ensuite publié avec les lois. Ainsi, le préfet des Bouches-du-Rhône reçoit une loi du 17 juillet, promulguée et accompagnée à la même date du décret d'urgence pour sa promulgation. Il les transcrit à la date de leur réception, prend son arrêté et fait afficher le tout.

Le 10 août, arrive à la même Préfecture, on ne sait comment, une copie d'un prétendu décret daté de la veille, et mettant le département des Bouches-du-Rhône en état de siége. Cette copie n'est pas accompagnée d'un décret d'urgence, et elle ne porte pas la trace de sa promulgation. Le préfet se borne à la transcrire au *Recueil des Actes administratifs*, mais sans y indiquer la date de sa réception; et, sans prendre d'arrêté pour en ordonner la publication et l'affiche, il la fait afficher, et cette affiche ne porte pas de date, la signature du préfet est seulement précédée de ces mots : « *Pour copie conforme.* »

La teneur de cette affiche est prouvée par la reproduction qu'en ont publiée les journaux de la localité, dont un exemplaire est produit.

A une date postérieure à l'arrivée du décret du 9 août, nous trouvons dans ce même Recueil, à une époque où, comme au 10 août, la liberté du préfet s'exerçait sans entraves, l'arrêté suivant :

« Nous, préfet,

» Vu le décret du 9 août 1870 concernant la publication de la loi du » même jour relative aux forces militaires de la France pendant la » guerre ;
» Vu les ordonnances de 1816 ou 1817 ;
» La loi relative aux forces militaires de la France sera immédiatement » affichée dans toutes les communes du département. »

Et, en effet, cette loi fut imprimée et affichée avec l'arrêté ci-dessus.

Le préfet n'a donc pas commis une faute en ne prenant pas d'arrêté pour la publication du décret du 9 août, puisqu'il n'en avait pas reçu l'ordre d'aucune façon, et sa publication est frappée d'une nullité radicale, parce que, d'une part, cette publication hâtive, et destinée à éclairer tous les citoyens sur l'abréviation des délais édictés par les lois, comme devant précéder leur mise à exécution, ne pouvait, à défaut de cet arrêté et d'un décret qui l'eût ordonné, leur manifester la portée du décret, ainsi que l'a relevé avec beaucoup de raison l'arrêt de la Cour de Montpellier, objet du pourvoi.

L'arrêt de la Chambre criminelle du 6 février semble reconnaître tout d'abord l'indispensable nécessité de cet arrêté, en vertu duquel la publication devait avoir lieu, puisqu'il déduit son existence du fait de la publication, qui n'eût pu, dit-elle, avoir lieu qu'en vertu de cet arrêté. Mais, contrairement à ces prémisses, l'arrêt ajoute que cet arrêté était inutile.

Cette disposition n'est autre chose qu'une abrogation jurisprudentielle des prescriptions formelles de l'art. 1ᵉʳ de l'ordonnance de 1817.

Il ne paraît pas inutile de consigner dans ces notes sommaires quelques lignes d'une dissertation de Mᵉ Cazalens, insérée aux pages 185 et suivantes, première partie du Recueil périodique de MM. Dalloz.

Ces lignes paraissent une réponse péremptoire aux principes posés dans l'arrêt du 6 février, et qui consistent à dire que l'exécution de l'article 1ᵉʳ de l'ordonnance de 1817 n'était point indispensable à la validité de la publication du décret du 9 août. Les voici :

« L'art. 1ᵉʳ de l'ordonnance de 1817 dispose en termes formels et im—
» pératifs :

» *Les préfets prendront incontinent un arrêté, etc.* Ce texte tranche, selon
» nous, la question. Dans une matière où tout est de rigueur, comme la
» Cour l'a admis par ses arrêts précités du 21 juin 1843 et du 4 août 1845,
» une disposition ainsi conçue permet d'affirmer que l'arrêté préfectoral
» constitue une formalité substantielle qui doit être observée à peine de
» nullité de la publication des lois et décrets. On comprendrait cependant
» l'opinion contraire s'il était vrai que les formalités de la publication
» proprement dite, impression et affichage, suffisent par elles-mêmes, et
» indépendamment de l'arrêté prescrit par l'ordonnance, pour faire con-
» naître aux citoyens le caractère urgent de la loi publiée et la nécessité
» de l'exécuter sans délai. Mais, précisément, ces mesures ne sauraient
» avoir une telle efficacité, puisque, même dans les cas ordinaires, et
» pour aider aux effets produits par l'expiration du délai légal, les pré-
» fets peuvent toujours faire et font fréquemment imprimer et afficher
» les lois et décrets qui ne présentent aucun caractère d'urgence.
» (Loi du 30 juin 1790, art. 14; 12 vend. an IV, art. 11 ; Bauchené-
» Lefer, *Droit pubic administratif*, page 355 ; Batbie, *Droit public*
» *et admin.*, t. 1, n° 132; *Jur. gén.*, v° *org. adm.*, n° 228). Les formalités de
» l'impression et de l'affichage n'expriment donc pas elles-mêmes, comme
» paraît le supposer la Chambre criminelle, l'urgence de la loi publiée;
» elles ne divulguent pas l'ordre d'exécuter immédiatement les disposi-
» tions de cette loi, et elles ne peuvent, en conséquence, suppléer à l'ar-
» rêté préfectoral que l'ordonnance de 1817 prescrit concurremment avec
» ces formalités, dans le but manifeste d'informer les citoyens que la loi
» ainsi publiée est sur-le-champ obligatoire. — Et ceci nous conduit à
» faire remarquer qu'il ne servirait de rien que l'arrêté déclaratif de l'ur-
» gence eût effectivement été pris, s'il n'avait pas été publié en même
» temps et dans la même forme que la loi dont il ordonne la publication
» et l'exécution immédiate. Les arrêtés préfectoraux d'intérêt général
» n'ont, en effet, d'existence réelle qu'après leur publication (Circulaire
» ministérielle de l'intérieur, 19 décembre 1846; D. P. 47, 3. 23; Batbie,
» Op. cit., n° 138; Jur. gén., v°; Rég. adm., n°ˢ 86 et suivants, et Code
» civil annoté sur l'art. 1ᵉʳ, n°ˢ 110 et suivants. Et le but spécial de
» l'arrêté dont il est ici parlé, exige que sa publication accompagne celle
» de la loi ou du décret auquel il se rapporte. »

A la suite de cette argumentation, accompagnée de nouveaux développe-
ments tout aussi précis et tout aussi décisifs, M. Cazalens se prononce

très-catégoriquement pour l'illégalité de la mise en état de siége du département des Bouches-du-Rhône.

A combien plus forte raison ne l'eût-il pas fait s'il eût connu le fait de l'absence de date du jour de la réception du décret du 9 août, au *Recueil des Actes administratifs* du département, lors de sa transcription, et la même omission sur l'affiche de ce décret ?

A tous ces moyens de fait et de droit, les conclusions de M. l'avocat général et l'arrêt du 6 février répondent par le fait brutal de la publication du décret et par la notoriété publique qu'il aurait acquise, et qui serait prouvée par les efforts tentés à certaines époques pour obtenir la levée de cet état de siége.

C'est faire trop bon marché des prescriptions formelles de la loi, dont la Cour suprême a pour mission d'assurer l'inviolabilité.

A ce sujet, il suffira de rappeler deux principes si éloquemment posés par Merlin, et qu'il déclare incontestables : l'un, que la loi n'oblige que lorsqu'elle est connue ; l'autre, que la loi n'est censée connue que du jour où ont été remplies les conditions requises par le législateur, pour que la notoriété en soit réputée constante et universelle.

« Une loi n'est donc pas obligatoire dans un lieu, par cela seul que son
» existence et ses dispositions y sont connues de fait, soit de tout le monde,
» soit de quelques personnes seulement ; pour qu'elle y soit obligatoire, il
» faut qu'elle y ait acquis la notoriété de droit » (Merlin, *Rép. de Loi*, § 5,
n° 5); cependant, c'est dans cette transcription, SANS DATE, du décret du 9 août 1870, au *Recueil des Actes administratifs* du département, et dans sa publication par affiches, sans ordre, sans arrêté préalable et SANS DATE, que l'on prétendrait trouver l'accomplissement des conditions inéluctables édictées par l'article 1ᵉʳ de l'ordonnance de 1816, à l'effet de rendre immédiatement exécutoire ce décret, non promulgué, d'ailleurs, ni à sa date, ni postérieurement.

La Cour supérieure ne saurait consacrer une telle énormité.

En adoptant des principes contraires, la Cour de Montpellier a rendu, le 26 mars dernier, un arrêt dont les motifs, dans leur ensemble, sont irréprochables et doivent nécessairement faire prononcer le rejet du pourvoi de son procureur général.

Le département des Bouches-du-Rhône étant, depuis le 4 avril 1871, complétement tranquille : Marseille et sa banlieue étant en état de siége ; on comprend difficilement que le gouvernement, après plus de trois ans de complète inertie, ait pu songer à replacer sous un régime qu'il n'a jamais subi, tout le reste de ce département, en vertu d'un décret qui n'a jamais eu d'existence légale.

Pas un de ses habitants n'a jamais, par ses actes, compromis la sûreté intérieure ou extérieure de l'Etat ; aussi sont-ils tous très-légitimement impatients d'apprendre par l'arrêt de la Cour, que leur pays a cessé d'être hors de la Constitution.

Paris, ce 20 juin 1874.

A. THOUREL, avocat à la Cour d'Aix.

Nº 1

Copie de la lettre de M. le ministre de la guerre à M. le
général Espivent

Versailles, 23 octobre 1873.

GÉNÉRAL,

Par suite des nombreuses modifications qui viennent d'être apportées à la
composition territoriale des divisions militaires et au commandement de ces
divisions, il est très-difficile de savoir aujourd'hui *avec une complète certitude* si
une portion quelconque du territoire compris dans votre circonscription est
encore soumise au régime de l'état de siége, quelle est au juste la délimitation
de cette portion, et en vertu de quel décret l'état de siége existe.

Il importe, *surtout dans les circonstances présentes*, que vous soyez fixé d'une
manière très-positive à ce sujet.

J'ai, en conséquence, l'honneur de vous informer, qu'en ce qui vous concerne,
la portion du territoire soumise encore aux conditions de l'état de siége comprend les deux départements *des Bouches-du-Rhône et du Var*.

Les décrets de mise en état de siége sont : du 9 août 1870 pour les Bouches-
du-Rhône, et du 13 du même mois pour le Var. Ces décrets, bien que *levés le
8 septembre* 1870, *en ce qui concerne les Bouches-du-Rhône, par un commissaire extraordinaire du gouvernement de la Défense nationale*, et, vers la même époque, pour le
Var, par une proclamation des autorités municipales et administratives en
datée de Toulon, n'ont pas cessé d'être virtuellement en vigueur. M. le ministre
de l'intérieur et M. le garde des sceaux se sont prononcés dans ce sens, et,
aujourd'hui, les deux décrets en question doivent recevoir leur exécution,
nonobstant toute disposition et tous faits antérieurs.

Nº 2

Jugement du Tribunal correctionnel de Tarascon du
19 novembre 1873

Le Tribunal,

Vu les pièces de la procédure ;

Attendu que, par sa lettre du 12 novembre 1873, M. le général commandant
le 15e corps d'armée et l'état de siége a revendiqué la poursuite intentée par le

ministère public près le Tribunal contre les trois prévenus Bouscarle (Jean et Charles) et Nicolas (Jean-Marie), en se basant sur la loi du 9 août 1849 sur l'état de siége ;

Attendu que le Tribunal, ayant déjà été saisi, doit rechercher si cette revendication est fondée ;

Attendu qu'aux termes de l'art. 9 de la loi du 9 août 1849, l'état de siége a pour effet de faire passer à l'autorité militaire les pouvoirs dont l'autorité civile est revêtue pour le maintien de l'ordre et de la police ;

Attendu qu'il s'agit de savoir d'abord si l'état de siége existe dans le département des Bouches-du-Rhône ;

Attendu que la déclaration de l'état de siége dans ce département résulte, soit d'un décret du 9 août 1870, encore en vigueur, soit *de l'art. 2 de la loi du 28 avril 1871* ;

Attendu que telle est l'interprétation donnée sur ce point par la lettre ministérielle du 23 octobre dernier ;

Attendu qu'il a été soutenu par la défense que, même en l'état du décret du 9 août 1870 et de la loi du 28 avril 1871, les délits reprochés aux prévenus, n'étant pas des délits politiques, ne pouvaient être de la compétence du Conseil de guerre ;

Attendu que l'art. 8 de la loi du 9 août 1849 attribue aux Tribunaux militaires, aussitôt l'état de siége déclaré, la connaissance des crimes et délits commis contre la sûreté de la République, contre la Constitution et contre l'ordre et la paix publique ;

Attendu que les prévenus sont traduits devant le Tribunal pour délit de rébellion devant la gendarmerie et pour avoir cherché à troubler la paix publique en excitant le mépris ou la haine des citoyens les uns contre les autres ;

Attendu que ces délits rentrent évidemment dans la nature de ceux qui intéressent l'ordre et la paix publique ;

Par ces motifs,

Le Tribunal :

Déclare se dessaisir, en faveur de l'autorité militaire, de la poursuite dirigée contre les trois prévenus ;

Condamne ces derniers aux dépens de l'incident.

N° 3

Motifs et dispositif de l'arrêt du 26 décembre 1873

Attendu, en droit, qu'une loi n'est exécutoire qu'après avoir été promulguée et publiée ; que la promulgation et la publication sont essentiellement distinctes l'une de l'autre par leur nature et leur objet ; que la promulgation est un des éléments substantiels de la loi, tandis que la publication manifeste son existence et la rend obligatoire ;

Attendu que cette distinction a été maintenue par l'ordondance du 27 novembre 1816, qui réglemente la matière, et qui était encore en vigueur au mois d'août 1870 ; qu'elle place d'ailleurs sur la même ligne les lois et les actes du pouvoir exécutif, dénommés à cette époque ordonnances, et aujourd'hui décrets.

Attendu que l'article 1er dispose que la promulgation des lois et ordonnances résultera de leur insertion au *Bulletin officiel* ; que les articles 2, 3 et 4 sont relatifs à la publication ; que les articles 2 et 3 posent la règle, et que l'article 4 introduit une exception pour les cas d'urgence ; enfin, que cet article 4 a été complété par l'ordonnance du 18 janvier 1817, prescrivant que, dans ces cas, les préfets prendront incontinent un arrêté portant que lesdites lois et ordonnances seront imprimées et affichées partout où besoin sera ;

Attendu, en fait, qu'il a été reconnu, soit dans les débats de cette cause, soit dans la séance de l'Assemblée nationale, en date du 5 de ce mois, que le décret du 9 août 1870, qui déclare le département des Bouches-du-Rhône en état de siége, n'avait jamais été inséré au *Bulletin officiel*; que, de plus, le préfet n'a pas pris l'arrêté prescrit par l'ordonnance de 1817 ;

Attendu que cette omission est, il est vrai, sans importance dans la cause, puisque les prévenus n'arguent pas de l'irrégularité de la publication et opposent seulement l'absence de promulgation, mais que le défaut de promulgation suffit pour que le décret du 9 août n'ait jamais été exécutoire ;

Attendu que si la notoriété peut remplacer la promulgation, lorsqu'il s'agit de décrets levant l'état de siége, il ne saurait en être de même pour ceux qui le déclarent, et notamment pour celui du 9 août, alors surtout que plusieurs autres décrets semblables, relatifs à d'autres départements, et portant la même date ou des dates rapprochées, ont été insérés au *Bulletin officiel*; que d'ailleurs la notoriété alléguée n'existerait pas dans la cause; que l'inexécution du décret du 9 août pendant trois ans et l'arrêté du 3 avril 1871, par lequel le général commandant la division dans le département des Bouches-du-Rhône a mis la commune de Marseille en état de siége, faisaient, au contraire, présumer sa non-existence ;

Attendu, en second lieu, que l'état de siége déclaré par le décret du 9 août aurait été, au besoin, levé le 8 septembre suivant par un arrêté de M. Esquiros, commissaire extraordinaire pour le département des Bouches-du-Rhône ;

Attendu qu'il est vrai que cet arrêté n'est pas produit, et qu'il a été constaté dans les débats qu'on l'avait inutilement recherché dans les archives, soit à Paris, soit à Marseille ; mais qu'ici se place l'exception de notoriété repoussée, en principe, dans la première partie de l'arrêt ;

Attendu, en effet, que M. le ministre de la guerre, dans sa dépêche du 23 octobre dernier, affirme que ce décret a été rendu par un commissaire extraordinaire du Gouvernement de la Défense nationale, et qu'il n'est pas contesté que les commissaires extraordinaires avaient qualité pour lever l'état de siége ;

Attendu, de plus, qu'il résulte du procès-verbal d'une séance tenue par le Conseil municipal de Marseille que le général d'Aurelle de Paladines aurait déclaré avoir reçu de M. Gambetta une dépêche annonçant la levée de l'état de siége ;

Attendu, enfin, que l'arrêté pris par le général commandant la division, le 3 janvier 1871, démontre implicitement, mais d'une manière évidente, que, dans sa pensée, l'état de siége, résultant du décret du 9 août, avait été levé ; qu'il était, en effet, inutile de déclarer cet état de siége pour la commune de Marseille, s'il avait encore existé pour le département ;

Attendu que cette présomption est d'autant plus grave qu'elle dérive d'un acte de l'autorité militaire, chargée spécialement, dans certains cas, de déclarer et de lever l'état de siége ;

Attendu que la loi du 28 avril 1871 a sanctionné l'arrêté du général dans les limites qu'il avait lui-même posées, en ratifiant, par un article 2, l'état de siége déclaré *dans le* département des Bouches-du-Rhône et non point l'état de siége *de ce* département ;

Attendu qu'il résulte de tout ce qui précède que le décret du 9 août 1870 n'a jamais été promulgué ; dès lors, qu'il n'est pas exécutoire ; dans le cas contraire, que l'état de siége aurait été levé par l'arrêté de M. Esquiros ; que chacun de ces motifs entraine la réformation du jugement ;

Attendu que, d'après la doctrine et une jurisprudence constante, dont les bases ont été posées dans l'arrêt de la Cour de cassation du 8 décembre 1827, la Cour peut et doit évoquer le fond, quoiqu'il ne soit pas en état, alors qu'il s'agit seulement d'une incompétence *ratione materiæ;* qu'en effet, en l'absence d'un article exprès de la loi qui l'y autorisât, elle ne saurait saisir un Tribunal qui n'avait pas un droit de juridiction sur les parties ;

La Cour dit que le Tribunal de Tarascon s'est, à tort, dessaisi, qu'il était compétent ; réforme en conséquence le jugement ; évoque le fond et continue l'affaire au 8 janvier prochain.

N° 4

Arrêt de la Cour de cassation du 16 février 1874

La Cour de cassation,

Attendu que les nommés Charles Bouscarle, Jean Bouscarle et Jean Nicolas ayant été traduits devant le Tribunal correctionnel de Tarascon comme inculpés de rébellion et de trouble à la paix publique, le général commandant la 9ᵉ division militaire, se fondant sur le décret du 9 août 1870, qui met le département des Bouches-du-Rhône en état de siége, a revendiqué la connaissance de l'affaire, et que, par suite de cette revendication, le Tribunal s'est dessaisi de la poursuite ;

Que, sur l'appel interjeté par les prévenus, la Cour d'Aix a infirmé la sentence des premiers juges et déclaré, par son arrêt du 24 décembre 1873, la juridiction ordinaire compétente pour connaître des faits incriminés ;

Que cette décision se fonde sur ce que : 1° le décret du 9 août 1870 n'a jamais été promulgué, dès lors qu'il n'est pas exécutoire ; 2° dans le cas contraire, que l'état de siége aurait été levé par M. Esquiros ;

Que les conclusions déposées par Mᵉ Duboy font, en outre, remarquer que le décret du 9 août n'a pas été déféré au Sénat, conformément à l'article 12 de la Constitution de 1852, et que, dès lors, cet acte est resté imparfait ;

Que l'état de siége aurait été levé par un arrêté du Conseil municipal de Marseille, en date du 5 septembre 1870 ;

En ce qui touche le défaut de promulgation :

Attendu que la promulgation est l'acte par lequel le souverain donne l'ordre de faire exécuter une loi, un décret ou une ordonnance ;

Que cet ordre, pour devenir obligatoire, ayant besoin d'être porté à la connaissance des citoyens, c'est-à-dire publié, il y a lieu de distinguer entre la promulgation, qui n'est qu'un acte de la volonté souveraine, et la publication, qui donne à cette volonté la force obligatoire ;

Qu'avant le décret rendu le 5 novembre 1870 par le gouvernement de la Défense nationale , la publication résultait de l'insertion au *Bulletin des Lois,* mais que cette insertion n'était qu'un mode de publication qui, usité dans la plupart des cas, pouvait néanmoins être valablement remplacé par un autre;

Qu'ainsi le souverain pouvait, aux termes des ordonnances des 27 novembre 1816 et 18 janvier 1817, envoyer directement et en cas d'urgence, au préfet d'un département, les lois, décrets ou ordonnances, *avec ordre de les faire imprimer et afficher dans sa circonscription administrative,* et substituer par là à la fiction légale de la publicité résultant de l'insertion au *Bulletin des lois*, une publicité réelle et plus efficace;

Que l'existence du décret du 9 août 1870, quoiqu'il n'ait pas été inséré au *Bulletin*, n'a jamais été contestée, et est reconnue en fait par l'arrêt attaqué;

Que ce décret a été envoyé d'urgence au préfet des Bouches-du-Rhône, immédiatement inséré au *Bulletin des Actes administratifs*, imprimé et affiché partout où besoin était ;

D'où il suit que ce décret a été régulièrement porté à la connaissance des habitants et est devenu obligatoire dans tout le département;

Que l'arrêt objecte vainement que l'arrêté que le préfet aurait dû prendre incontinent, en conformité de l'article 1er de l'ordonnance du 18 janvier 1817, n'est pas représenté ;

Que les troubles qui ont éclaté à Marseille, et l'occupation prolongée de l'hôtel de la Préfecture par les insurgés, peuvent expliquer ce défaut de représentation, mais que l'existence de cet arrêté qui, d'ailleurs, n'est pas une condition substantielle de la publication, ne saurait être sérieusement méconnue, puisque l'insertion au Bulletin administratif, l'impression et l'affichage du décret ont réellement eu lieu et n'ont pu avoir lieu qu'à la suite de cet arrêté;

Qu'au surplus, c'est la publication même qui rend obligatoires les lois, décrets ou ordonnances, et que cette publication est reconnue en fait par l'arrêt attaqué ;

Que si, aux termes de l'art. 12 de la Constitution alors en vigueur, l'Empereur, après avoir décrété l'état de siége, devait en référer au Sénat, le délai dans lequel cette référence devait avoir lieu n'était pas limité, et que cette référence n'était pas une condition de la validité du décret;

En ce qui touche les arrêtés par lesquels M. Esquiros et le Conseil municipal de Marseille auraient levé l'état de siége ;

Attendu, d'une part, que même en tenant pour constante l'existence du premier de ces arrêtés, qui n'est pas produit, il faut reconnaître que M. Esquiros n'avait pas le droit de le prendre ;

Qu'en effet, un décret du 5 septembre 1870, inséré au *Journal officiel* du 6 du même mois, porte : « M. Esquiros est nommé administrateur supérieur du dé-» partement des Bouches-du-Rhône; »

Que ce décret donne, sans doute, à M. Esquiros le droit d'administrer le département confié à ses soins, mais non celui d'y établir ou d'y lever l'état de siége, parce que l'établissement comme la levée de l'état de siége est un acte de souveraineté et non un acte d'administration ;

Attendu, d'autre part, que l'arrêté du Conseil municipal de Marseille, s'il a jamais été pris, ne serait qu'une usurpation flagrante du pouvoir souverain et serait dès lors dénué de toute autorité;

Que de tout ce qui précède, il résulte que l'arrêt attaqué, en refusant de reconnaître la portée légale du décret du 9 août 1870, a commis un excès de pouvoir, et qu'en attribuant à la juridiction ordinaire la connaissance des faits reprochés aux inculpés, il a formellement violé l'article 8 de la loi des 9-11 août 1849, qui permet de déférer à la juridiction militaire les crimes et délits contre l'ordre et la paix publique ;

Casse...

N° 5

Arrêt de la Cour de Montpellier du 26 mars 1874

Attendu qu'aux termes de l'article 1er du Code civil, les lois sont exécutoires dans tout le territoire français, en vertu de la promulgation qui en est faite par le chef de l'Etat, mais qu'elles ne doivent être exécutées dans chaque partie de la République que du moment où la promulgation en pourra être connue ;

Attendu que ces dispositions distinguent la promulgation de la publication ; que la promulgation est l'acte par lequel un souverain donne l'ordre de faire exécuter une loi, un décret, une ordonnance, mais que cet ordre ne se révèle aux citoyens que par la formalité de la publication; que, par suite, une loi, que la promulgation rend exécutoire, ne devient obligatoire que par le laps d'un délai déterminé après l'accomplissement de la promulgation ;

Attendu que la promulgation résulte de la transcription de la loi sur un bulletin public et spécial, tandis que la publication consiste dans la divulgation de la loi promulguée ;

Attendu que, dans ces conditions, il est difficile d'admettre la possibilité de remplacer l'une par l'autre deux formalités essentielles, ayant chacune leur caractère propre et leur utilité;

Attendu que les ordonnances de 1816 et 1817 ne laissent aucun doute à cet égard, puisque l'article 1er de l'ordonnance de 1816 fait résulter la promulgation de l'insertion au *Bulletin officiel*, tandis que les articles 2, 3 et 4 se préoccupent uniquement des moyens plus ou moins rapides d'arriver à la publication des lois promulguées;

Attendu que l'article 4 de ladite ordonnance, prévoyant des cas urgents, confère, il est vrai, au souverain le droit d'abréger les délais déterminés par les articles 2 et 3, mais qu'on ne comprendrait pas qu'il voulût, dans des circonstances même exceptionnelles, supprimer la promulgation, dont les formalités simples et faciles peuvent toujours se concilier avec les cas d'urgence les plus pressants ;

Attendu que, d'après l'ordonnance de 1816, la publication sera, selon les circonstances, ou légale mais fictive, quand elle résultera de l'enregistrement à la chancellerie du *Bulletin officiel*, ou bien réelle et effective, si le gouvernement juge opportun d'appliquer l'article 1er de l'ordonnance du 16 janvier 1817; que ladite ordonnance admet donc divers moyens de publication, mais consacre un seul mode de promulgation dérivant de l'insertion de la loi au bulletin spécial ;

Attendu, d'ailleurs, que l'on chercherait vainement une distinction entre les lois proprement dites et les décrets ou ordonnances, alors qu'un décret impérial du 9 décembre 1852 assimile, au point de vue de la promulgation, les décrets rendus sur le rapport des ministres, à de véritables actes législatifs;

Attendu que, même en supposant que l'application de l'article 4 de l'ordonnance de 1816, et l'article 1er de l'ordonnance de 1817 eussent pour effet de supprimer la formalité de la promulgation l'illégalité du décret du 9 août n'en serait pas moins évidente;

Attendu, en effet, que le chef de l'Etat pouvant seul promulguer les lois, il peut aussi, par voie de suite, dispenser de la promulgation (1); qu'il faudrait donc, pour appliquer

---

(1) Ce droit qu'aurait le chef de l'État de dispenser telles ou telles lois de leur promulgation n'a jamais été admis: il est trop en contradiction avec les principes proclamés par l'arrêt, pour qu'on ne trouve pas dans ces lignes un simple vice de rédaction et l'expression d'une pure hypothèse.

utilement l'article 1ᵉʳ de l'ordonnance de 1817 dans le sens que lui attribue le ministère public, une manifestation de la volonté souveraine ordonnant la publication d'urgence et qu'il suffit de lire le *Bulletin officiel* pour se convaincre qu'on a toujours ainsi procédé dans les cas analogues, notamment les 12, 13, 14, 18, 29 et 31 août 1870 ;

Attendu, en fait, que le décret du 9 août 1870, dont l'existence n'est pas contestée, n'a jamais été inséré au *Bulletin des lois* et se trouve ainsi dépourvu de la force exécutoire que ne lui a d'ailleurs conférée aucun acte de la puissance souveraine ;

Attendu que les formalités administratives imposées aux préfets dans les cas d'urgence par l'article 1ᵉʳ de l'ordonnance de 1817 n'ont pas même été remplies, qu'il n'existe aucun arrêté préfectoral prescrivant la publication du décret dont s'agit, et que l'insertion au recueil administratif n'est qu'une formalité sans importance usitée pour tous les actes législatifs intéressant le département ;

Attendu que la publication d'urgence faite en dehors d'un ordre formel du souverain serait d'autant plus dangereuse qu'elle attribuerait à l'initiative du préfet un droit qui n'appartient qu'au chef de l'Etat ;

Attendu d'ailleurs que la publication de fait dont on se prévaut au procès actuel n'est rien moins qu'établie ; que si la publication irrégulière paraît à peu près démontrée pour certains points du département, et notamment pour Tarascon, elle reste douteuse pour beaucoup d'autres localités, et qu'elle ne saurait jamais, dans ces conditions, remplacer légalement la promulgation exigée par l'article 1ᵉʳ de l'ordonnance de 1816, et donner au décret du 9 août la force exécutoire qui lui fait défaut ;

Attendu que les considérations qui précèdent rendent inutile l'examen des autres moyens développés à l'appui de l'appel ;

Par ces motifs, la Cour, vidant le renvoi de la Cour de cassation tel qu'il résulte de son arrêt du 6 février 1871 ;

Statuant sur l'appel relevé par les frères Bouscarle et Jean Nicolas contre le jugement du Tribunal de Tarascon en date du 19 novembre 1873, faisant droit à cet appel, met à néant le jugement attaqué ; dit et déclare, en conséquence, que le décret du 9 août 1870 n'ayant été ni promulgué ni publié conformément à la loi, le département des Bouches-du-Rhône n'était pas placé sous le régime de l'état de siége à l'époque où se sont accomplis les faits incriminés ; dit que la justice civile avait seule compétence pour statuer sur les délits imputés aux prévenus ; et, attendu que la matière n'est pas en état, renvoie la cause et les parties à son audience du 1ᵉʳ juin.

Paris. — Imp. de Dubuisson et Cᵉ, rue Coq-Héron, 5.   5154